Du Chaos naissent les étoiles

Matthias ROY

Du Chaos naissent les étoiles

Conte philosophique

© 2023 Matthias ROY

Édition : BoD – Books on Demand, info@bod.fr

Impression : BoD – Books on Demand, In de Tarpen 42, Norderstedt (Allemagne)

Impression à la demande

Illustration : Matthias ROY

Composition : Matthias ROY

ISBN : 978-2-3224-8003-6

Dépôt légal : Juin 2023

Non à l'ami que je n'ai jamais eu… mais au moi qui s'était perdu

CHAPITRE I

Emilio s'assit sur le muret, regarda le lac et se mit à pleurer. Son grand-père vint alors, parvint difficilement mais réussit à s'installer à côté de lui. Ce vieil homme mit sa main avec amour sur la tête de son petit-fils, il faut dire que l'amour et la bienveillance était quelque chose qu'il connaissait ; puisqu'il s'appelait Amore. Il lui demanda alors :

-Emilio, que t'arrive-t-il ? *dit-il doucement, la voix grave, polit par les flots de l'âge.*

-Je ne sais pas, mais j'en ai marre : j'en ai marre de ressentir. J'en ai marre d'en avoir marre. J'en ai marre de ne pas savoir quoi faire… mais dis-moi ce que j'ai Nonno[1]… j'ai pourtant des amis, une famille, et je me sens si seul.

-Qu'est-ce que la solitude selon toi ? *Amore voyait difficilement, ses yeux devenaient de plus en plus opaques au fur et à mesure des mois ; mais on avait l'impression que plus ils blanchissaient, plus ils percevaient réellement.*

-C'est d'avoir froid quand il fait chaud. D'avoir faim avec le ventre plein. D'être devant ce qui nous terrifie le plus : nous-même, perdu en nous-même ; de rien avoir.

-Si tu possédais tu serais donc moins seul ?

-Oui, *dit Emilio timidement.*

-Pourtant tu m'as dit que tu avais des amis et une famille, ne possèdes alors tu pas ?

-Non, j'ai l'impression d'être invisible devant eux, qu'ils ne me voient pas vraiment. *Il se mit alors à pleurer de nouveau et enferma sa tête dans ses genoux.*

Son grand-père regarda alors au ciel et dit :
-Emilio, m'autorises-tu à te raconter une histoire ? Cette histoire se passa à Sonovilio[2] il y a bien des années. Elle n'a pas beaucoup d'intérêt, mais j'aimerais te la dire, puis-je ?

Emilio ne parla pas, les larmes coulant sur ses joues il acquiesça de la tête ; son grand-père commença alors son histoire.

...

Seul en mer

Toi mon ami perdu
Mais dont j'attends toujours la venue
Sais-tu depuis quand j'espère ?
La poussière s'accumule par terre

Ici, tout est fade
Arrache-moi de cette mascarade
Quand en sera-t-il temps ?!
Je le rêve tant

Malgré la perte de mes ailes
Je continuerai de t'être fidèle
Toi mon perdu
Où es-tu ?

Chat

CHAPITRE II

Le soleil éblouit alors Amore, il était allongé dans le champ, regardant le ciel et mordillant une fleur. Cela faisait une semaine qu'il avait eu 18 ans, et 13 ans que ses parents étaient morts. En regardant au ciel il se demanda si ses parents le voyaient, et ce qu'ils pouvaient penser de lui. Ces derniers l'avaient nommé ainsi car ils s'aimaient plus que tout, et Amore était l'union, la fusion, la passion de cet amour ; quoi donc de plus naturel que d'appeler son fils : Amour. Ils désiraient qu'à travers son prénom il sache qu'il n'était jamais seul, mais toujours aimé. Malheureusement, le père de cet enfant tant voulu fut tué à la guerre et sa mère de chagrin se noya dans le lac ; le lac que haïssait tant Amore : le lac de Sonovilio. Ainsi, depuis ses 5 ans, c'est sa grand-mère maternelle qui l'élevait : Daria-Marietta, veuve. Elle était une rose aux gants de fer, il la respectait autant qu'il l'aimait ; leur relation était comme chien et chat.

C'est ainsi, que Luciano lécha la joue d'Amore, l'extirpant de ses pensées. Luciano était le chat de ce jeune homme, il était d'un noir nuit, au poil lisse mais au caractère tranchant. Les habitants de ce petit village de montagne appelaient cette créature : le chat du lac. Effectivement, les yeux de ce dernier était turquoise-vert clairs, de véritables aigues-marines, tout comme l'eau de ce laggo[1].

-Luciano ! Te voilà enfin ! Je t'ai cherché partout hier ! Nonna[2] s'inquiétait… et m'a d'ailleurs fâché par ta faute ! *Il eut en guise de réponse un lèchement de pattes, Amore soupira alors, porta Luciano et quitta le champ*

Tout était en serpentin ici, on voyait tout mais n'accédait à rien. L'église, le cimetière, le village, et le lac était voisin à flan de montagnes et seulement des dizaines de mètres les séparaient mais il fallait suivre ces chemins onduleux pour trouver destination ; à croire que même la montagne imitait le lac ici. Ils arrivèrent alors chez Daria, qui les attendait de pied ferme…

-Où étiez-vous ?! *Daria jeta son torchon sur Amore et Luciano*, vous êtes bien les mêmes tous les deux ! Vous fuguez dès que vous en avez l'occasion…

Amore mal à l'aise mit sa main derrière la tête et sourit. Il est vrai que Luciano et lui se ressemblaient beaucoup. Il était d'un brun très profond, ses cheveux mi-long semblaient danser avec la nuit. Mélangés à sa peau mate, cela contrastait énormément avec ses yeux, puisque tout comme son chat il les avait d'un bleu extrêmement clair. Ce duo était d'ailleurs assez comique à voir tant ils étaient similaires. Luciano était très indépendant, et venait uniquement lorsqu'il en avait envie, mais on pouvait être sûr qu'il avait toujours une oreille tendue dans la direction d'Amore. Il est vrai qu'à chaque fois que la mélancholie et le doute venaient envahir ce dernier, son compagnon apparaissait. Daria continua et dit alors :

-Amore… je sais que tu n'apprécies pas cet endroit, mais s'il te plait, ne t'en vas pas sans me prévenir.

-Excuse-moi Nonna, je suis parti ce matin et je n'ai pas vu l'heure…

-N'en parlons plus, mais puisque tu aimes tant sortir ! Apporte ça au prêtre ! *Elle lui jeta un torchon mouillé entouré d'une ficelle.*

-Qu'est-ce que c'est ? *En le rattrapant au vol.*

-Tu n'as pas besoin de le savoir scimmia curiosa[3], et rentre avant la nuit !

-Tu entends comme on nous parle Luciano ?? *Amore partit alors en rigolant et couru en direction du haut du village.*

Il faut dire qu'il connaissait bien ce sommet, puisqu'au-delà de l'église, se trouvait non loin du cimetière un petit mausolée romain en ruine. Ce belvédère à l'allure antique était accompagné d'une statue d'ange où l'on ne distinguait encore que ses bouts d'ailes et le drapé de ce dernier. Cet endroit à l'aura mystique surplombait le village et offrait une vue sur l'ensemble de celui-ci et son lac. Amore passait le plus clair de son temps assit sur une de ses pierres, les pieds dans le vide, dos à l'ange, regardant le bassin. Les habitants appelaient ce lieu le temple du Soleil, et venaient parfois y déposer des fleurs. On y disait que ce lieu était un hommage au protecteur du village : l'ange du lac. A son piédestal se trouvait une étendue de fleurs, des cosmos bleues qui ne fleurissaient que l'été. Ce socle était gravé :

« Du chaos naissent les étoiles. »

Amore arriva alors à l'église et trouva le prêtre, Niccolo :

-Ah Amore ! Luciano ! Vous allez encore au temple du Soleil ?

-Non je suis là parce que ma grand-mère m'a remis ça pour toi. *Il lui tendit le mystérieux emballage et vit le prêtre sourire.* Qu'est-ce qu'il y a dedans Niccolo ?

-Ça, ce sont des graines d'anémones blanches ! Afin de fleurir la statue ! Cet ange est toujours fleuri en été grâce aux cosmos mais dès l'arrivée de septembre, il se retrouve sans rien… alors nous nous sommes dit que ce serait bien d'avoir des fleurs automnales ! Si nous les plantons dès demain, pendant le printemps, nous pourrions même voir les floraisons fin août ! Et le temps de quelques semaines, les variétés pourraient même se côtoyer ! Cette idée vient de ta grand-mère… elle sait que tu viens souvent ici, et souhaitait que durant le plus de périodes de l'année possible tu puisses avoir des fleurs auprès de toi. Elle ne les a pas choisis au hasard tu sais… l'une des significations de l'anémone est la sincérité, le nouveau départ ; car à chaque matin, même lorsqu'il y a eu la nuit la plus sombre, elle rouvre ses pétales. Nous savons combien c'est dure pour toi… et le poids de ta solitude ici. Il est vrai que Sonovilio n'est pas connue pour sa grande concentration en jeunesse… donc si ces fleurs peuvent t'apporter plus de compagnie et s'ouvrir après tes nuits les plus difficiles, nous en serons heureux. *Le prêtre mi enthousiaste mi gêné sourit bêtement, et vu dans les yeux d'Amore qu'il était touché.*

-Nonna… je vais rentrer la voir… elle doit sûrement m'attendre. *Il partit alors silencieusement, lorsqu'il fut suffisamment loin Luciano se retourna et miaula à Niccolo.*

-Prends soin de lui chat du lac… seigneur, faîtes que cet enfant puisse atteindre la paix en trouvant ce qu'il recherche…

Le scintillement du cœur

J'ai le mal de l'air, le mal de ceux qui ne peuvent plus rien faire
L'été rempli mes artères, mes veines…
Celui qui vous supplie de le faire taire
Est-ce que tout en vaut bien la peine ?

Il me manque ce quelque chose
Ce qu'on appelle fraternité
Le cœur marqué d'ecchymoses
L'âme maquillée, permettant de tout camoufler

Est-ce que cela va s'arrêter ?
Sais-tu vraiment ce que tu veux
Est-ce que cela amènera à la paix ?
Tu te noies dans ton feu

Ange

CHAPITRE III

Il était à peu près 21 heures, le 21 juin, et l'été faisait son entrée avec son solstice. Les rayons du crépuscule éclairaient le temple du soleil et sa statue. Son parterre semblait couvert de pierres précieuses, et cela était due aux cosmos. Elles avaient commencé leur floraison depuis plus d'une semaine, et apportaient à Amore un refuge d'une douceur maternelle. Il était assis sur sa pierre, contemplant le paysage. Les lueurs du soleil faisaient rayonner ses yeux, ils brillaient d'une lumière glaciale, et semblaient nous inviter à nous y noyer. Les yeux scintillants et ses cheveux emportés par le vent, son insondable tristesse nous happait par ce temps. Amore se tourna vers Luciano qui était allongé en boule près de lui et lui dit :

-Aujourd'hui est le jour où le soleil est le plus proche de Sonovilio. Alors pourquoi lorsque cet astre fait son entrée en sonnant le début de l'été, je sens toujours en moi mon cœur se serrer ? Nous sommes censés être réchauffés, et pourtant je sens mon âme se glacer. L'été, tout est démultiplié, et le poids de la solitude vient me hanter. Je ne possède rien je le sais, mais si seulement je pouvais avoir un ami à mes côtés… *Luciano miaula alors violemment et griffa Amore.* Ça fait mal idiota[1] ! *Il se mit alors à rigoler.* Aha, pardonne-moi, c'est vrai… je t'ai toi.

Il sortit alors son ocarina et se mit à jouer, pendant que le soleil commençait à se coucher. Cet instrument, il l'avait hérité. Sa maman en jouait, et c'est par ses notes qu'il avait été bercé. Amore aimait y jouer des mélodies à ce temple, c'était ce qui l'aider à s'échapper. Il y jouait surtout une mélodie : *l'étoile solitaire*. C'est sa maman qui l'avait composé. Amore se mit à souffler ses notes, lorsque Luciano entendait cette musique toute son attention et sa vigilance était sur son maître : il était absorbé. Amore ferma les yeux et laissa son souffle accompagner ses sentiments. La nature décida de l'accompagner, elle soufflait avec lui, elle soufflait à travers lui, et leurs vents se réunissaient pour enrober ce temple d'une atmosphère obéissant à leur espace-temps. Tandis qu'il enflammait ses sentiments et bougeait ses doigts au rythme du vent, celui-ci faisait tourbillonner les cheveux d'Amore, le poil, les moustaches de Luciano, et les pétales des cosmos que certaines virent envoler. Amore termina sa mélodie au même moment que le vent calma sa valse et soudainement, quelqu'un dit :

-Elle bien triste cette mélodie !

Amore sursauta en poussant un cri, quant à Luciano, ses poils se hérissèrent et il menaça par réflexe. Les deux se retournèrent en même temps en direction de cette voix. Le jeune étranger se mit alors à exploser de rire, si bien qu'il faillit en tomber. Il s'appuya alors contre la statue pour ne pas chuter et dit :

-Aha ! Si tu avais vu ta tête ! Tu peux recommencer ? *Dit-il très taquinement avec un demi sourire.*

-Déjà on se présente quand on a un minimum d'élégance ! Et qui es-tu ? Je ne t'ai jamais vu au village. *Il était mi intrigué mi contrarié.*

-Mon seigneur, je vous prie de bien vouloir m'excuser… je m'appelle Angelo ! *Tout en rigolant il leur fit une courbette.* Quelle sagacité votre altesse. C'est normal ! Je viens tout juste d'arriver, je suis en vacances pour l'été ici.

-Uhm… et qu'est-ce que tu fais au temple du Soleil ? Et déjà t'as quel âge ? Et puis pourquoi Sonovilio ?? *Il parlait en faisant pleins de gestes, s'agitait partout et accélérait son débit de parole.*

-Aha t'es vraiment quelqu'un de drôle toi, *Angelo se tordait de rire et le regardait avec beaucoup d'amusement,* mais ce qui est le plus drôle avec toi, c'est qu'c'est malgré toi ! Je ne savais pas que vous étiez le maître de ces lieux, excusez-moi. *Il regarda alors Amore avec des yeux extrêmement perçant et un sourire en coin révélant ses dents, Angelo avait une sorte d'aura très mystérieuse qui révélait chez lui un aspect des plus malicieux.*

-Aaah ! Tu m'agaces… ! *Luciano s'approcha alors d'Angelo et se frotta à lui.*

-Ah… je vois que cet avis n'est pas partagé par tous. *Tout en s'accroupissant il caressa le menton du chat.*

-Luciano ! Tu ne vas pas t'y mettre ! Normalement il ne s'approche pas des étrangers… que lui as-tu fait ?

-Aha ça doit être mon charme naturel votre altesse.

-J'abandonne… *il se mit alors à soupirer et les deux comparses commencèrent à rigoler.*

-Je suis ici car je souhaitais découvrir les lieux, je suis donc allé en haut du village. J'ai suivi le chemin tout en entendant une mélodie, qui m'a guidé à vous, et je t'ai écouté. Si je te disais mon âge tu ne me croirais pas aha mais je vais te dire 18 ans, *il dit cela avec comme à son habitude : beaucoup de provocations.* Je suis à Sonovilio car nous possédons une vieille maison de famille qui nous appartient depuis très longtemps, elle est près du lac. Alors, satisfait votre altesse ?

-T'es un sacré provocateur ! Mais oui… merci, et désolé de ma réaction… *Amore baissa la tête et eut un sourire gêné.* Je n'ai pas l'habitude de voir des gens de mon âge ici, et j'ai été mal à l'aise que tu m'entendes jouer. *Angelo s'approcha de lui, passa derrière lui, et s'assit sur une pierre en face du lac, Amore se retourna et s'assit alors à côté.*

-Et votre altesse aurait peut-être un nom ?

-Oh ! Excuse-moi ! Je m'appelle Amore !

-Piacere[1] Amore.

Le soleil tomba alors et Amore s'écria :

-Ooh ! Nonna va me tuer ! Je dois y aller ! Désolé Angelo ! A bientôt ! *Il prit alors Luciano et se mit à courir.*

-Aha il est vraiment amusant. *Il regarda alors le parterre de cosmos*, à bientôt Amore.

Le ciel rosé

L'été,
Une saison où tout semble à côté
Une saison où l'on souhaite tant tout oublier, recommencer
Une saison vouée à s'achever, et tout emporter
Une saison où les étoiles côtoient les souhaits
Une saison où tout peut arriver…
Une saison où je t'ai rencontré, pourquoi diable ta venue au printemps ne s'est
-elle pas exprimée
L'été, cette saison qui n'a pas su te conserver

Village

CHAPITRE IV

Amore buvait une infusion à la rose et aux figues que lui préparait sa grand-mère, comme tous les matins. Il était adossé au mur, regardant par la fenêtre.

-Nonna.

-Oui Azzuri[1]

-As-tu entendu parler au village d'une nouvelle famille qui soit arrivée ?

-Non, pourquoi ?

-J'ai rencontré hier soir au temple un garçon, il avait mon âge. Il a dit s'appeler Angelo et être là pour l'été. Il serait dans sa maison de famille près du lac.

-Près du lac ?

-Oui, qu'est-ce qu'il y a ? *Sa grand-mère avait l'air perturbé.*

-C'est juste… qu'effectivement il y a bien une maison près du lac, mais la famille n'y habite plus depuis des années. La végétation l'a entièrement envahi, et puis il me semblait que cette famille avait disparu : les Custode. On dit que c'était la maison aristocratique régent Sonovilio à l'époque. *La grand-mère de nature très superstitieuse, ce qui était plutôt commun ici, se retourna et continua de cuisiner.*
A quoi ressemblait ce garçon ?

-Uhm ma taille, *Amore devait faire aux alentours de 1m75 à 1m80*, les yeux vert pin et les cheveux mi-longs blonds ! Il était sacrément taquin ! Il m'a d'ailleurs bien agacé ! Et ce traitre de Luciano, *le concerné buvait son lait*, s'est frotté à lui comme s'il le connaissait !

Daria cessa alors de remuer sa sauce, elle semblait ailleurs, elle fit alors un effort de concentration durant 5 secondes puis dit avec un sourire :

-Ce doit être des lointains cousins ayant hérité de la propriété. Aha, quoiqu'il en soit il a l'air amusant ! Je suis content qu'on ne te ménage pas ! *Daria riait beaucoup à l'histoire de son petit-fils, elle le regardait avec beaucoup de tendresse. Elle s'approcha de lui, et mit une main sur sa chevelure noire.*
Je suis content que tu te sois fait un ami.

-Ce n'est pas mon ami ! *Dit-il en rougissant, mais Amore ne parvint pas à cacher un sourire heureux.*

Durant la semaine qui suivit et la semaine suivante, il alla régulièrement au belvédère, sa petite habitude, c'était pour lui le seul endroit où il se sentait en sécurité. Le seul endroit où tout semblait s'arrêter, où ses pensées n'étaient pas en tort, et avaient le droit de voler, d'imaginer. Le seul endroit où son cœur pouvait exploser librement. Le seul endroit que l'on ne pouvait lui arracher. Le seul endroit où il espérait pouvoir avoir ce qu'il désirait. C'était aussi à ce seul endroit qu'il était sûr de le retrouver.

Malheureusement, il ne vint pas, Angelo disparu comme il eut apparu : emporté par le vent. Bien qu'il ne l'avouerait jamais, en seulement une maigre heure, Amore s'était attaché. Il mettait en Angelo tout ce qu'il espérait, tout ce qu'il n'avait jamais eu : un vrai ami. Un être qui par sa seule présence, ses simples mots, sa simple odeur, puisse vous rendre unique, éternel ; car l'amour après tout, quel qu'il soit, c'est quand on rencontre quelqu'un qui vous donne de vos nouvelles[2]. Amore n'avait que peu de souvenirs avec ses parents, ils n'avaient jamais vraiment été pour lui des figures, mais il se souvint d'un moment avec sa mère. Celle-ci jouait de l'ocarina et en finissant, elle lui dit :

-Amore, la vie a pour unique utilité d'être occupée. Elle n'a aucun sens, personne ne sait pourquoi il est là, ni ce qu'il doit faire. Le but de la vie, de ta vie, c'est seulement toi qui peux lui donner un sens. Tu vois cet arbre là-bas ? Qu'il ait 10 ans ou 1000 ans ça importe peu, qu'importe son âge et les intempéries qui l'accompagnent : il pousse. Si cela s'arrête, c'est qu'il est mort. Beaucoup de gens sont ce qu'on appelle des morts-vivants. *Il fit alors une tête d'effroi.* Aha non, je ne parle pas de zombie ! Beaucoup de gens vivent mais ne sont pas vraiment eux-mêmes, ils ne poussent plus : ils sont morts de l'intérieur pourtant bien vivants de l'extérieur. Un auteur célèbre[3] disait que vivre n'est pas d'attendre que l'orage passe, mais d'apprendre à danser sous la pluie.
En repensant à cette phrase, il eut une sensation de doux-amer. Effectivement, plutôt ironique que la femme lui disant cela n'avait pas su gérer la perte de son mari : elle n'avait pas dansé sous la pluie, mais s'y était noyée.
Nous sommes seuls Amore, personne ne peut faire les choses à ta place et subir tes épreuves. Si tu ne vis pas pour tes rêves tu finiras par être engagé pour les rêves d'un autre. Néanmoins, nous sommes peut-être des étoiles vagabondes, mais il ne faut jamais oublier que nous ne sommes rien sans les autres. Aha je sais, ça semble paradoxal : vivre pour soi mais avoir besoin des autres. C'est juste que si tu n'es pas en adéquation avec toi-même, tu ne pourras rien faire pour les autres, en revanche, même si tu es le meilleur mais que tu n'as personne avec qui le partager, quelle est l'utilité ? C'est cela que symbolise cette musique : *L'étoile Solitaire*. Quelqu'un qui brille de tous ses feux, mais qui n'a aucun astre à illuminer. Je te souhaite de trouver cet

astre, ou ces astres, car cela peut être un amour, une amitié, ou les deux. C'est en trouvant ces personnes que tu auras une utilité. Cependant, prends garde à ne pas te perdre en étreignant des ombres[4], puisque le but premier n'est pas d'être accompagné, mais de s'accompagner. *En l'écoutant, Amore semblait totalement perdu et rien y comprendre, il regardait sa mère avec des yeux remplis de désarroi.* Ahaha, ne t'en fais pas Amore, je parle juste comme ça.

Ce souvenir lui serrait le cœur, Amore avait toujours été seul. La chose qu'on lui avait promis éternelle : sa famille, n'existait plus ; il se demandait parfois s'il avait vraiment compté pour ses parents. Si sa mère l'avait vraiment aimé, pourquoi n'aurait-il pas été une raison suffisante pour qu'elle reste. Il avait effectivement sa grand-mère : Daria, mais il savait qu'il ne l'aurait pas pour très longtemps et même si Amore avait toujours vécu d'une certaine manière seul ; cette solitude l'inquiétait. Il avait donc toujours voulu avoir un ami, à la place d'un amour, puisque selon lui l'amour ne pouvait conduire qu'à la tristesse. Ainsi, il désirait une amitié à la place : bien plus simple, une personne avec qui vous êtes tout mais dont vous n'avez pas les complications d'une relation amoureuse. L'être qui s'appelait Amour, fuyait donc cet état. Néanmoins, il n'avait jamais eu l'opportunité d'en avoir un. C'est pourquoi Angelo représentait quelque chose d'extrêmement nouveau et mystérieux. Ce garçon avec qui il avait discuté que peu de temps, semblait être une personne dont la rencontre avait toujours été attendue. Il espérait donc pouvoir le revoir, et en faire :

Un ami

Lors de la première semaine de juillet, Amore retourna au temple et s'assit sur sa pierre. Il se laissa emporter par son envie et joua sincèrement *L'étoile Solitaire*. Ce morceau procurait toujours la même sensation de nostalgie et venait le frapper par le désir de ce qu'il n'avait. Lorsqu'il eut fini, il entendit :

-Encore ce morceau ! *Amore sursauta alors de nouveau et cria*

-Mais c'est pas possible !! Tu sais t'adresser aux gens sans leur faire peur ?! *Luciano miaula comme pour exprimer un acquiescement.*

-Ahah vous êtes vraiment le duo le plus trouillard que je n'ai jamais rencontré ! *Luciano menaça et partit, ce qui eut pour réaction de faire rigoler Amore et Angelo.*

-Ça faisait longtemps que tu n'étais pas venu… je suis content de te voir.

-Oh, aurais-je manqué à son altesse ?

-Tu es insupportable… *puis il rigola avec un sourire.*

-Oui, nous sommes partis quelques temps, en visite.

-Oh… tant mieux.

-Alors tu joues encore ce morceau !? *Angelo vint s'asseoir à côté de lui,* pousse-toi de là.

-Tu ne manques vraiment pas d'air… oui c'était un morceau que jouais souvent ma mère.

-Elle ne le joue plus ?

-Elle ne peut plus, *Angelo fit une mine où le doute sur le sens de la phrase d'Amore n'était pas permis.*

-D'accord, *lui dit-il alors avec un sourire.* Néanmoins il est triste ce morceau ! Comment s'appelle-t-il ?

-L'étoile Solitaire, et qu'est que t'y connais-tu à la musique à part avoir un avis sur tout ?

-Eh bien votre Altesse, sachez que tout comme vous je suis musicien ! *Il fit alors un bond en arrière accompagné d'une révérence.*

-Et que fais-tu Valletto[5] ? *Dit-il avec un sourire.*

-Oh ! Votre majesté a de l'humour finalement ! Sachez que je joue de la lyre ! *Amore éclata de rire.*

-Aha ! Donc c'est moi sa majesté ?! Tu joues d'un instrument dont plus personne connaît le nom sauf peut-être encore Apollon ! Ce cher Valletto a beau être taquin il n'en reste pas moins très… gracieux. *C'est alors que les rôles s'inversèrent et Amore sourit avec les dents comme aurait pu le faire Angelo.*

-Un instrument dont plus personne connaît le nom… Amore… tu joues de l'ocarina… *il regarda alors Amore et eu la satisfaction de le voir se décomposer, Angelo jubila et lui fit savoir de son sourire dont seul lui était le véritable maître… qu'il n'y avait aucun doute : Amore n'avait fait qu'une pâle copie.*

-Ok, t'as gagné… tu pourrais un jour me jouer un morceau s'il te plaît ?

-Si cela peut faire plaisir à son altesse. La prochaine fois que nous nous verrons.

Luciano arriva alors, sauta sur la statue et se posa sur son piédestal, puis miaula.

-Tu es de retour il suscettibile[6] ! *Dit Angelo en rigolant, Luciano lui tourna alors la tête.*

-OH ! Il est l'heure de dîner ! Je vais me faire tuer ! Merci Luciano !

-J'ai comme une impression de déjà-vu, *dit-il avec son sourire qui marquait sa signature.*

-Santo cielo[7] ! tu ne la connais pas ! *Il faisait plein de gestes et bougeait comme pour imiter un dragon, cela fit énormément rigoler Angelo.* Oh ! Je sais, tu pourrais venir diner ! Je suis sûr que Nonna serait d'accord !

-Je ne peux pas Amore.

-Oh… d'accord.

-Nous nous reverrons, ne t'en fais pas. La prochaine fois que nous nous verrons, je te jouerai quelque chose. Retrouvons-nous ici dans deux semaines ? *Il regarda alors Amore avec beaucoup de tendresse.*

-Tu ne peux pas avant ?

-Non malheureusement.

-D'accord, dans deux semaines alors !

Angelo caressa alors Luciano, ce qu'il avait l'air soit dit en passant de beaucoup apprécier, puis s'approcha d'Amore, il lui mit une main sur l'épaule avant de se diriger face aux pierres où il s'accouda. Amore partit en saluant Angelo. 1 minute après son départ il se rappela qu'il avait laissé son ocarina sur la pierre. Lorsqu'il revint, l'ocarina avait été posé sur le piédestal de la statue et Angelo, avait disparu. Il se dit alors qu'il l'avait sûrement manqué à l'instant. Amore retourna alors chez sa grand-mère.

Cependant, ce qu'il ignorait à cet instant, c'est qu'il ne restait plus que 3 fois avant que ses yeux d'azur ne virent plus jamais Angelo.

3

Le poids

Aurais-je un jour ce à quoi j'aspire tant ?
Mon être sonne creux
Pourquoi suis-je si différent ?
Je ne sais même pas ce que je veux

Comprendrais-je la raison de ces maux ?
Je ne sais pas être bien
Quand pourrais-je m'élever là-haut ?
Je tiendrai alors ma vie entre mes mains

Penses-tu que je ne suis pas simplement inutile ?
Il est vrai que j'ai tout eu par chance
Aurais-je un jour mon île ?
On me donne pourtant tant de bienveillance

Je porte en moi ce péché
Celui qui n'est jamais rassasié
On m'a marqué
Je dois maintenant l'assumer

Amore

CHAPITRE V

Deux semaines s'étaient écoulées, et Amore ne s'était jamais senti aussi impatient ! Il parlait tous les jours à sa grand-mère et à Luciano d'Angelo. Sa grand-mère paraissait mi-heureuse, mi-anxieuse de cette histoire. Effectivement, cela faisait longtemps qu'elle n'avait pas rêvé des parents de son petit-fils. Pour la première fois, elle eut peur d'être dépassée, et des conséquences que cela pourrait engendrer.

Amore, notre cavaliere devoto[1], partit comme chaque jour en direction du temple, mais cette fois-ci avec une telle hâte que l'angoisse s'y mêlait ; son souffle en était altéré et il ressentit de… la peur. Arrivé sur place il retrouva comme promis Angelo :

-Angelo ! *Dit-il avec un grand sourire.*

-Caro Principe[2], *accompagné d'une révérence.*

-Tu ne t'arrêtes donc jamais ! *Les deux rigolèrent, comme à l'accoutumé.*

Je n'ai pas oublié ! Je veux t'écouter jouer ! Je veux voir qui tu es ! Ma mère disait souvent que lorsqu'on entendait quelqu'un jouer ou s'exprimer par son art, on pouvait entendre son cœur et voir les yeux de l'âme.

-J'aurais alors aimé entendre son son. Très bien, je vais te jouer quelque chose, mais ! J'ai une condition !

-Pourquoi rien n'est jamais simple avec toi… *en levant les yeux en l'air.*

-Je ne te jouerai qu'une seule note.

-Mais ?

Avant même qu'Amore finisse sa phrase Angelo s'assit par terre, au pied de la statue, entouré de cosmos. Ses cheveux volaient au vent, et les fleurs paraissaient avoir été plantés pour lui ; cette statue d'antan semblait être son extension. Amore fut figé devant cette scène et ressentit en lui des émotions indéfinissables : cette scène avait trop de majesté pour être normale. En baissant la tête, Angelo, eut une mine sombre, cela frappait l'âme qu'importe le niveau d'intelligence émotionnelle, et transgressait les cœurs en murmurant : assis toi, écoute. Il sortit alors sa lyre et ne claqua qu'un Do. Néanmoins, à travers ce Do, la nature se tut, et le bruit permanent du lac cessa ; cette note avait touché la terre, cette note avait su toucher l'inerte, cette note avait su toucher le cœur de Amore. Une larme coula alors, sans même qu'il ne la sentit, et tomba sur un pétale de cosmos.

-Comment fais-tu ?

-Pour ?

-Ca ! Comment fais-tu pour enlever le surplus et seulement toucher directement le cœur des gens !

-Amore… justement je souhaitais t'en parler. Cela peut te sembler étrange mais je te connais bien. La folie c'est de faire toujours la même chose mais de s'attendre à un résultat différent[3]. Je ne cherche pas à cacher, ou à rajouter… je prends juste l'essence de ce qui fait ce que je suis et je viens déposer ce concentré au bout de mon doigt. Je joue d'abord avec moi, avant de jouer avec les autres… j'ose être moi.
Amore eut immédiatement un rappel du discours de sa mère et s'enferma dans le silence, regardant les fleurs. Angelo vint alors et lui dit :

« Je te sais »

Luciano se frotta contre son propriétaire.

-Pourquoi qu'une note ? Joue-moi un morceau.

-Tu voudrais que je te dessine un mouton aussi ? *Dit-il taquinement.*
Plus sérieusement je dis ça pour toi… pourquoi cherches-tu en l'autre ? Pourquoi souhaites-tu tant écouter autrui, écoute-toi. Compose avec toi… une note peut avoir bien plus de signification qu'un morceau. Un mot peut avoir bien plus de poids qu'un discours. La seule condition requise est : d'y croire, de croire en toi. Si je suis ici, ce n'est pas pour rien, c'est parce que je crois en toi, je crois en mon Caro Principe, *en souriant.*
Nous avons soit un pied dans le passé où règne la nostalgie, soit dans le futur où domine l'anxiété. En revanche nous ne sommes que trop rarement dans le présent. Alors que c'est un cadeau… d'où son nom[4]. La raison est : la peur. Lâche prise, Amore, lâche ce passé qui t'affecte tant et arrête de tout faire dans l'optique d'un futur ! Le futur n'est rien d'autre qu'une direction, et il n'existe pas encore. Tu n'es pas seul et ne le seras jamais si tu ouvres les yeux, puisque si tu mises sur qui tu es, tu auras le meilleur ami qui soit : toi, et évidemment que ceux qui t'aiment ou t'aimeront, te suivront ; en misant sur toi, tu mises solidement sur les autres. *Il s'approcha alors de lui, lui mis une main sur l'épaule et sourit.*

-Qui crois-tu être… *Amore baissa la tête et serra les poings,* tu ne me connais absolument pas… à part toujours te moquer qu'as-tu fait ? Tu penses lire dans les gens, pouvoir moduler leur être, dire de grandes phrases… mais Angelo, qui te l'a demandé ? *Amore regarda alors Angelo parfaitement dans les yeux avec un profond dégoût que seul le silence pouvait décrire, la nature s'arrêta ; et il dit :*

3 mots
…

A ces mots, Amore partit.

-Amore, n'oublie jamais qu'un changement est le fondement d'un autre[5]…

Amore était déjà loin quand Angelo murmura :

-C'est toi qui l'as voulu…

Niccolo regardait par la fenêtre de son église la scène, et vu Amore, vu au combien il était brisé, mais surtout apeuré. En regardant ce dernier s'éloigner, il aperçut Luciano extrêmement concentré. C'est qu'au même moment, Angelo lui dit ceci :

-Luciano, tu n'es pas à ses côtés pour rien. Tu sais, tout comme nous, les asiatiques ont des signes astrologiques ; et sache qu'il y avait le chat ! Tu es le treizième signe, le signe oublié. La légende principale raconte que les signes ont été convoqués pour une course, organisée par l'empereur de Jade. Néanmoins, le chat n'était pas matinal et avait des difficultés pour se lever, il demanda donc au rat de le réveiller pensant qu'ils étaient amis. Le rat redoutait le chat, car il savait qu'il était habile pour la course, voulant être premier, il n'honora pas sa parole… le chat n'arriva jamais à la course et fut exclus des signes. Il exista seulement pour montrer à quel point il avait déshonoré sa divinité, et fut le rejet des autres.
Néanmoins, *la véritable histoire*[6] est bien différente :

Il existait un homme bien seul, sa solitude était dû à sa perception des autres. Il était capable de vivre très longtemps et ne se sentait pas à sa place auprès des hommes, il habita alors en haut d'une montagne ; contemplant la vie depuis le sommet. Un jour, un chat franchit le seuil de sa porte et lui dit ces mots :

-Chère divinité, je vous observe depuis longtemps, je suis curieux de vous ; et j'aimerais, si vous le permettez, vivre à vos côtés.

La divinité accepta. Le chat ne quitta jamais son maître, et était toujours auprès de lui, ce qui apportait un tel bonheur à son propriétaire. Il eut alors l'idée suivante : s'il ne se sentait pas à sa place auprès des hommes, pourquoi ne pas chercher auprès des êtres composant la faune ; il envoya alors des invitations. 12 animaux acceptèrent son rendez-vous, et vinrent chez la divinité. A leur venue, il organisa un banquet et festoyèrent tous les 14 durant une éternité, dans le bonheur, l'amour et la compréhension. Jusqu'au jour où le chat s'effondra… son heure était venue. Voyant ce dernier s'écrouler par l'âge et au crépuscule de cette vie, les animaux furent profondément touchés et la divinité dit alors :

-Mes amis, je vous promets que tout cela ne s'arrêtera pas. Si vous l'acceptez, buvez ce saké que j'ai ensorcelé et chaque année nous nous réincarnerons et festoierons pour toujours. Nous ne serons jamais séparés, je vous promets : l'éternité.

Les animaux acceptèrent, et chacun avala une gorgée du breuvage. La divinité prit alors le chat et le fit boire. Le chat se releva alors difficilement et dit profondément attristé :

-Pourquoi m'avez-vous fait boire ce saké… je n'ai jamais demandé à nous retrouver éternellement, à vivre une réincarnation perpétuelle… si je vous ai choisis c'est parce-que je savais que c'était moi et uniquement moi qui vous avais choisis. Je savais que notre temps ne serait éternel, ce qui me poussait à me battre pour vous, à profiter de vous. Je ne vous savais pas acquis, et si un jour, dans une autre vie j'avais la possibilité de vous revoir ;

c'est que je l'avais encore décidé et notre amour serait sincère. Qu'est-ce qu'il y a de beau à quelque chose que nous considérons immuable… ce lien et cet amour se transformera en souffrance… et que vous le souhaitiez ou non, nous nous perdrons tous ; car la première étape vers l'anéantissement d'un être est : le considérer éternel, cela revient à ne plus le considérer, et acquérir ne pousse plus personne à se battre.

A ces mots, le chat s'écroula, les autres animaux et la divinité se sentirent trahis et déshonorèrent le félin en le privant du privilège d'être des leurs. Cependant, il avait bu l'alcool… et serait donc réincarné à jamais, sans aucun siège, sans aucune personne pour l'attendre, condamné à la solitude infinie ; sa présence servait de rappel à ce pacte, et le prix qu'il en avait coûté

Angelo dit alors :

-Vois-tu Luciano, c'est pour cette raison que tu ne figures pas auprès des 12 signes, mais laisses moi finir, *Luciano était assis face à la statue.*
Les signes se réincarnèrent alors comme promis. Au fil des années, ce lien se transforma comme l'avait annoncé le chat : en souffrance, et les êtres étaient auprès de la divinité uniquement en mémoire d'un vieil amour, d'une vieille promesse ; mais parfois le dévouement ne suffit pas. Les liens se brisèrent alors au fur et à mesure. Lorsque la divinité réalisa cela, elle fut désespérée et fit tout pour empêcher cela d'arriver ; mais plus l'on retient, plus l'on perd, car un véritable amour est un amour choisi, et libre. Un jour elle n'eut d'autres choix que de lâcher prise, et se rappela les mots du chat, c'est ainsi qu'elle comprit, elle comprit la signification des paroles de ce dernier et exauça enfin son vœu : les liens furent alors brisés. Tous les signes se séparèrent, mais s'ils venaient un jour à se retrouver, c'est qu'ils l'auraient choisis.

Angelo regarda affectueusement la créature du Lac et dit :

-Luciano, si la divinité cherchait dans les autres, c'est pour combler le vide qu'elle avait en elle ; mais en s'accrochant désespérément à un idéal, en faisant tout pour le conserver elle oublia ce que cela coûte de se battre pour quelque chose. Quel genre d'amour mérite-t-on si l'on ne se bat pas pour ? Evidemment que pour avoir l'amour, il faut faire la guerre ; mais pire encore, elle s'oublia elle-même. Se compenser, compenser ce qui nous manque dans les autres ne nous apporte que la solitude : nous sommes nos choix[7]. A nous fuir pour chercher du bonheur ailleurs on se tue, et l'on tue ce que l'on rencontre ; nous construisons alors des châteaux de sable.
Ton rôle Luciano est le suivant : Amore est ta divinité et tout comme le chat des signes, tu ne dois l'abandonner, tu te dois de lui ouvrir les yeux, même si cela te coûte l'éternité

2

Le prix

*Je commence à comprendre
A comprendre que je m'étais trompé*

*Trompé par mes propres yeux
Ces yeux qui n'ont pas voulu écouter*

*Ecouter ce que l'on pouvait leur murmurer
« murmurer » fit mon cœur*

*Ce cœur qui crie maintenant
Oui maintenant je suis bien forcé*

*Forcé de constater
Constater tout ce que j'ai abandonné…*

Anémone

CHAPITRE VI

Lors de la première semaine d'août, Amore ne sortit quasiment pas. Daria, de plus en plus inquiète, voyait son petit-fils changer ; il se renfermait. Il n'avait certes jamais été très expressif, mais ces derniers temps cela s'empirait. Il restait quasiment toujours à la même place : assis sur le rebord de la fenêtre, regardant le lac. Luciano, d'habitude à vagabonder, resta près de son padrone[1]. Les yeux de son petit Azzuri était tellement profonds qu'on semblait s'y noyer dedans, mais il paraissait s'y engloutir tout autant.

-Azzuri, que se passe-t-il ?

-Rien, je vais bien. Je n'ai juste pas très envie de sortir aujourd'hui.

-Bugiardo[2] ! Tu as toujours une bonne excuse.

-C'est parce-que c'est le cas, *elle souffla en baissant la tête.*

-Il est arrivé quelque chose avec cet Angelo ? Vous vous êtes disputés ?

-Non.

-Vous vous êtes disputés…

-Il se permet de me donner des leçons ! De grandes phrases ! Je ne suis pas un idiot !

-Ce n'est peut-être pas ce qu'il souhaitait, peut-être y a-t-il une raison pour laquelle il t'a dit ces choses… *Amore parut alors sombre, son visage affichait l'incompréhension,* que t'a-t-il dit ?

-Je fais juste de mon mieux… *il partit alors, Luciano miaula en fixant Daria.*

-Amore…

Le garçon aux yeux d'océan prit la direction de l'église, et de son cimetière, où reposaient ses parents. Il n'allait que très rarement voir ces derniers. Il ne s'y sentait pas à l'aise, il ne savait quoi leur dire, et la solitude l'envahissait alors souvent. La tombe de ses parents était un petit caveau à flanc de montagne, où l'on apercevait évidemment le lac. Il aimait y déposer lorsqu'il en trouvait des iris violettes, la profondeur de leur couleur avait quelque chose qui permettait de dire discrètement qu'il pensait toujours à eux. Arrivé sur place, il s'appuya contre une rambarde non loin de la tombe et admira le lac ; le mutisme dans lequel il était plongé évoquait qu'un combat ardent avait lieu en lui. Niccolo le vit au loin et s'approcha doucement :

-Bonjour mon garçon, je suis content de te voir, *il dégageait une réelle simplicité qui avait le don d'apaiser l'âme.*

-Bonjour Niccolo.

-Tu as la mine sombre, *il lui sourit alors.*

-Je suis juste moi-même.

-Tu n'as pas très envie d'en parler hein… ne t'en fais pas je ne vais pas te déranger avec ça. Quoiqu'il en soit j'espère que tu es fier de moi ! *Tout content.*

-Pour… ?

-Comment ça pour !? Vecchio ratto[3] ! *Il s'agitait dans tous les sens, Amore rigolait beaucoup.*

-Je suis désolé Niccolo aha je ne vois pas, pardonne-moi ; ou : que ton seigneur me pardonne aha.

-Moque toi ! Tu vas voir s'il te foudroie toi et ta créature aux yeux bleus, *Luciano menaça Niccolo ce qui eut pour réaction d'amuser le prêtre et le jeune homme.*

-Ahaha je doute qu'il se laisse faire !

-Enfin bon… je te fais au moins rire ! *Amore sourit à Niccolo.*

-Tu sais toujours me faire rire ! Tu es… drôle… mais, malgré toi aha !

-Tu vas voir si je le suis malgré moi ! *Il fit semblant d'enlever ses sandales pour le menacer.*

-Aha tu ne me feras jamais peur je crois Niccolo, *Amore se tordait de rire.* J'espère bien ! *Il prit alors Amore dans bras,* Je suis content de te voir rire. Tu sais… tu peux compter sur ta grand-mère, moi et évidemment sur ta créature poilue, *Luciano menaça de nouveau*, sale bête, *dit-il mi apeuré mi amusé, Niccolo et Amore rigolèrent alors, ce dernier se redressa et dit :*

-Je me suis fâché avec quelqu'un, mais je m'en veux. J'ai été mis face à moi-même, et l'image renvoyée m'a dégouté. Je n'ai pas réussi à me faire face, alors j'ai préféré me vexer plutôt que d'écouter ; j'ai préféré m'enfuir plutôt que de rester, et l'accompagner, mais surtout m'accompagner.

-Tu as déjà beaucoup de courage de te faire face en disant ça ! Il est plus facile de jeter la faute sur les autres que de reconnaître nos erreurs. Chaque parole a une conséquence, chaque silence aussi[4] c'est vrai, mais il est tellement difficile parfois de parler… de juste commencer à ouvrir la bouche ; car parfois le cœur voudrait hurler ce que la bouche ose à peine murmurer[5]. Il n'est jamais trop tard pour rattraper ses erreurs mais il faut faire attention au temps qui passe, car plus il file et plus cela devient un décor de ton âme, un tatouage indélébile marquant ton être de tes actes manqués. Je m'inquiétais beaucoup pour toi, je craignais que ton feu intérieur ne te consume, car ce sont souvent ceux qui brillent le plus ardemment qui brûlent le plus vite ; mais je suis heureux de te voir avancer et construire un véritable château fort. Alors si tu en as conscience, si tu le sais, vas-y.

-Oui, merci Niccolo ! *Amore commença alors à courir quand Niccolo eut une pensée et lui dit :*

-Amore ! *en criant,* Quand cela s'est-il passé ? *Amore dit au loin en courant* :

-C'était Martedì[6] dernier, le soir au temple du Soleil ! *Il était déjà loin et n'entendit pas les mots du prêtre*

-Mais… Amore, je t'ai aperçu par l'église et… tu étais seul…

« Il n'y a pas de hasard. Il n'y a que des rendez-vous »

Paul Eluard

Lueur d'être

Merci de m'accompagner
Il est vrai que je ne te vois jamais
Et pour autant tu ne m'as nullement lâché
Tu es si courageux et dévoué

Merci de m'aiguiller
Tu sais nager dans les nébulosités
A chaque fois que je plonge tu viens me faire visiter
Et tu retiens tellement ton souffle pour le faire respirer

Merci mon toi
Cousin éloigné du moi
Je croirai toujours en toi
Même si tu n'existes qu'en moi

L

CHAPITRE VII

Amore courait, courait sans s'arrêter. Il espérait le retrouver, se retrouver. Il eut alors comme idée d'aller directement chez lui, puisqu'après tout il ne connaissait rien de cet autre. Angelo lui avait dit habiter une maison près du lac, n'ayant vécu qu'à Sonovilio, cet endroit ne pouvait avoir de secret pour lui ; et pourtant, il méconnaissait cette portion : le bord du lac. Néanmoins, afin de pouvoir s'excuser et ne pas perdre de nouveau une chose aussi précieuse il était prêt à tout. Il ne cessa alors de courir et dévaler ces serpentins qui faisaient la silhouette si caractéristique de ce village, Luciano n'était jamais très loin derrière et le suivait ; on ressentait que ce petit félin mettait toute son énergie pour ne pas abandonner son maître.

Arrivé au pied du village et de son lac il ne vit qu'un chemin, et ce chemin il le redoutait, puisque c'était celui qu'avait pris sa mère. Toutes les maisons qu'il connaissait s'arrêtaient au bord de ce dernier, il ne savait ce qui l'attendait au-delà ; mais il avança, il était résolu à changer ce qu'il détestait le plus et à s'affronter. Il se rappela la phrase de sa mère, « en suivant le chemin qui s'appelle plus tard, nous arrivons sur la place qui s'appelle jamais »[1] ; elle se la répétait souvent lorsqu'elle rechignait à la tâche, et ce fut cette même phrase qui lui fit poser le premier pas sur ces escaliers. Il avait toujours vécu dans l'attente, et le désir de changements, et c'était pour autant ce souhait qui le rongeait. Rien ne l'empêchait en réalité d'avoir ce qu'il voulait, puisqu'il avait tout : lui ; mais il craignait tellement de souffrir, qu'il souffrait déjà de ce qu'il craignait[2]. Il prit alors ce chemin à flanc de montagne et descendit jusqu'à l'étendue de ce lago, et eut la sensation de découvrir un nouvel endroit ; inaccessible alors, un vent marin lui souffla les cheveux et ses joues devinrent cramoisies. Il se retourna alors avec une joie inattendue et rigola devant Luciano qui était à quelques mètres plus hauts, toujours sur les marches, ce dernier miaula et fit comprendre à son ami qu'il ne l'accompagnerait pas ; Amore comprit que c'était quelque chose qui devait faire seul, il baissa alors la tête doucement en guise de remerciement et continua à marcher sur la plage.

Il longea le bord du lac, il semblait apeuré mais heureux. Cette découverte de nouvelles sensations et vues lui donnait goût à la liberté mais surtout goût à la sincérité ; cela lui faisait un bien fou d'être juste lui. Au bout de quelques courtes minutes de marche il vu une grande maison bourgeoise, una villa romana[3] comme on disait ici. Elle lui paraissait très ancienne, et envahie de lierres. Arrivé devant, son cœur se serra, il ne voulait pas y croire : la maison était totalement à l'abandon, le lierre la recouvrait, le portail rouillé, la porte entrouverte… un silence lourd y régnait, qui enfermait tant de choses ; seul le bruit des remous de l'eau venant s'éteindre sur la maison était entendu. Amore franchit le portail, poussa la porte et rentra.

La maison était à l'abandon depuis bien longtemps, mais il n'avait aucun doute : il était au bon endroit. A peine rentré dans la maison, un grand hall se présentait à nous. Un vieux lustre de verre pendait, plus loin, un escalier principal se séparait en deux pour nous conduire à l'étage. Depuis la porte d'entrée on apercevait la plateforme de l'escalier qui se scindait, Amore comprit alors. Effectivement, en haut de cet escalier trônait un portrait de la famille résident avant ici : la famiglia Custode[4]. Il avait été peint quasiment un siècle auparavant, on y voyait un couple et un adolescent au milieu. En regardant ce tableau, Amore dit :

-Je me rappelle de toi maintenant… *quelqu'un monta les escaliers, s'approcha d'Amore et regarda le tableau.*

-Ah bon ? Aha, ravi d'être célèbre auprès de son altesse, *Angelo comme à son habitude rigola.*

-Et c'est moi le Principe après hein, *Amore regarda Angelo et les deux explosèrent de rire avec complicité,* tu es Angelo Custode ! Le fils de la famille qui régissait Sonovilio ! Mais tu es surtout le garçon de la légende : *Il bambino dal cuore sincero*[1]. Je l'avais totalement oublié ! Cela fait tellement d'année que par habitude je me rends au temple du Soleil que j'en avais oublié l'origine !
C'était un soir d'hiver de l'année de mes 5 ans. Je n'ai que des bribes de souvenirs de cette période… uniquement des phrases que disait ma mère, quelques moments, mais rarement de réels souvenirs entiers. Néanmoins, celui-ci est bien ancré :
Les dimanches après-midi Niccolo invitait souvent tous les enfants pour faire un grand goûter à l'église et nous enseigner l'histoire du village, puis il nous raccompagnait chez nous en fin de journée. C'est alors qu'arriva ce dimanche. Le soleil venait de tomber mais il faisait doux pour un hiver ; il pleuvait un véritable déluge et des éclairs tonnaient dans Sonovilio, Niccolo faisait beaucoup de blagues pour nous rassurer. Arrivés à la maison, j'ouvris la porte et je vis ma mère pleurer dans les bras de Nonna. Les deux me regardèrent, et Nonna baissa la tête, je m'approchai et maman me dit que papa était parti : il était mort d'une blessure. La seule réaction que je réussis à avoir était de courir, je ne voulais pas y croire, je poussai Niccolo de la porte d'entrée et je partis dehors. Ils tentèrent tous de me rattraper, mais la tempête grondait dans le village, le vent était si fort, et le jour sombre, qu'il était difficile d'y voir. Ce fut aussi la première fois que je partis seul de la maison, je ne savais pas où aller. Alors je courus sans m'arrêter, sans même vraiment regarder où j'allais. J'entendais le son de mon prénom et leurs cris l'hurlant, mais je n'arrivais pas à m'arrêter. Je voulais seulement disparaître. Mes jambes d'elles-mêmes se stoppèrent, j'étais à bout de souffle mais surtout à bout de cœur. Je n'arrivais plus à respirer, et la tempête était si forte, j'étais trempé, fatigué, apeuré, et perdu. En ouvrant les yeux je vis cet

endroit : le temple du Soleil, et cette statue ; en la voyant je me sentis rassuré et je voulu m'abriter auprès d'elle. Je n'ai rien su faire d'autre que de m'asseoir à ses pieds, et la tête entre mes genoux je pleura. Néanmoins, je me sentais accompagné, comme si elle m'écoutait et était là pour moi.
C'est alors que j'entendis la voix de ma mère qui pleurait, elle cria :

-Amore ! Tu es là… je suis désolée Amore, *sa mère pleura et le prit dans ses bras.*
Je t'en prie ne pars plus ainsi… je suis désolée de ce qu'il se passe… mais s'il te plaît ne fais plus ça… s'il te plaît, *sa mère le serrait fort contre elle*, je ne veux pas te perdre non plus. *Amore eut alors un sentiment d'énervement en racontant ce passage, puisqu'après tout, c'était lui qui l'avait perdu. Sa mère lui demandait de vivre pour elle, mais avait-elle voulut vivre pour lui ?*
Sais-tu où tu es ?

-Tu es au temple du Soleil, je crois que Niccolo souhaitait vous raconter la légende attachée à ce lieu prochainement. *Les deux étaient trempés, non abrités, mais ils ne voulaient pas se quitter des bras.* C'est la légende d'*Il bambino dal cuore sincero*[5]. *Amore ne se concentrait plus que sur une chose : la voix de sa mère et cette histoire* :
C'est l'histoire la plus ancienne du village, elle remonte de quasiment 100 ans. La famille régente de Sonovilio : les Custode, ils étaient d'une grande bienveillance, et écoutaient tous les cœurs du village. Ils faisaient toujours en sorte que les habitants ne manquent de rien ; et malgré cette générosité, ils manquaient de chance : ils ne parvenaient pas à avoir d'enfant. Néanmoins, la mère ne perdait pas espoir, et pria, elle pria sans cesse. Jusqu'à jour où elle prononça ces mots :

-Dieu du lac, j'ai prié tous vos frères et aucun ne m'a écoutée, accordez-moi le privilège d'avoir un enfant et il sera aussi votre.
Une semaine plus tard un violent orage comme ce soir éclata dans Sonovilio. Le lac était déchaîné et le tonnerre grondait. La mère sentit alors de violentes contractions et son ventre grossit à vue d'œil, c'est alors que l'accouchement se déclencha. Durant toute la nuit le prêtre du village était au près des Custode afin d'assister la mère, et au matin : l'enfant du ciel, ou du lac, était

né. Ce garçon était d'une sensibilité sans pareille, on lui avait donné le don du cœur : il savait lire dans l'âme des gens et toucher leur être. Il apparaissait toujours par surprise sans qu'on s'y attende au moment où nous en avions le plus besoin. Il savait régler les bleus de l'âme que la vie vous cause en vous faisant tomber. Il avait aussi pour réputation d'être très taquin, il parvenait toujours à vous faire sourire. Lorsqu'on lui demandait quel était son rêve, il répondait qu'une chose : pouvoir illuminer les intérieurs les plus sombres. Tout le monde aimait le fils des Custode.
Vers la fin de son adolescence, des pluies incessantes apparurent, la tempête était constante, si bien que le lac commençait à monter. Tous les habitants étaient paniqués et ne comprenaient ce qu'il se passait. Ils prièrent alors tous le Dieu du lac, mais rien n'y faisait : l'eau montait. La maison du garçon était la plus proche du lac, l'eau avait tellement monté qu'elle touchait maintenant le pied d'un de ses murs. Durant une nuit il sortit, alla au bord de l'eau et dit :

-Je comprends… je suis désolé… tu as fait en sorte que je puisse être auprès d'eux, et toi, tu es maintenant seul…

Le lendemain, il avait disparu, et avec lui les intempéries. La famille Custode fut alors anéantie et nous en savons pas plus de cette histoire. La seule chose est : les habitants furent tellement touchés de la disparition du garçon qu'ils décidèrent de l'honorer en lui dédiant un lieu au sommet du village, avec une statue d'ange ; lui l'enfant au cœur sincère qui était apparu tel un ange tombé du ciel. Sonovilio lui consacra aussi une fête : la fête des cœurs perdus, tous les solstices d'hiver, la journée la plus sombre de l'année, on allumait un feu à ses pieds ; lui qui savait éclairer les ténèbres.

Du chaos naissent les étoiles

Sa mère dit alors :

-Si un jour la solitude et les ténèbres t'envahissent trop, tu sais que tu auras toujours ce lieu où te réfugier…

Amore s'arrêta un moment et reprit son histoire :

Crois-moi ! Nous avons été malades pendant plus d'une semaine après cela aha. Nous étions frigorifiés…
Cette histoire je l'avais totalement oublié Angelo… jusqu'à maintenant.

C'est alors qu'Angelo sourit et dit :

-Il faut que le noir s'accentue pour que la première étoile apparaisse[6] Amore. *Ce dernier lui répondit en souriant tristement.*

-Mais alors… tu n'existes pas ? *Il se retourna alors en fixant les escaliers.*

-Amore, retrouvons-nous dans une semaine devant la statue, là où tout a commencé. Tu as besoin de temps, mais rappelle-toi que le cœur ressent souvent les réponses avant même que le cerveau ne se pose les questions[7]. Caro Principe… *pour la première fois, le taquinage d'Angelo sonna différemment.*

-Angelo… *Amore en se retournant vit que son ami avait disparu, comme à son habitude. Tout en fixant le tableau, Amore dit :*

Mon fantôme de l'été…

1

Mon meilleur ami

Toi que j'ai cherché partout
T'aurais-je enfin trouvé ?
Toi pour qui j'ai pris tant de coups
Pourquoi ne t'ai-je jamais aimé ?

Tu es extraordinaire n'en doute jamais
Je ne t'avais jamais dit ça ?
Tu mérites d'être aimé
Et s'il n'y croit pas ?

Quoiqu'il en soit je te reconnais
Ne vas-tu pas encore t'abandonner ?
Je fais de mon mieux pour m'aimer
Tu as donc compris qui tu étais ?

Lac

CHAPITRE VIII

Nous étions l'avant dernière semaine d'août, et l'été prenait des notes de douces amertumes. Cette saison si ensoleillée et brillante, devenait étouffante, et tout comme celle-ci, Amore changeait. Chaque jour, une nouvelle barrière était franchie, un mur abattu, des désirs et des rêves venaient, puis partaient ; mais il osait. Il avait pris la décision du courage en faisant face à ses peurs et ses contradictions, si bien qu'Angelo ne semblait plus qu'être un détail de lui-même.

Cette semaine lui parut d'une rapidité interminable, le genre de semaine qui s'écoule en une journée, et l'âme en 10 ans. Son cœur avait effectivement pris les rides et les stries d'un bel été, d'un vrai été.
Comme chaque jour, comme à leur habitude ? Non, comme à son habitude, il allait au belvédère de l'ange du Lac. Un jour comme un autre, une soirée comme une autre, le cœur apaisé et Luciano à ses côtés, Angelo fit sa dernière apparition.
Amore était assis sur une pierre, regardant le Lac, dos à la statue :

-Caro Principe, *dit avec son sourire habituel.*

-Tu te ramollis Valletto, on t'a entendu arriver.

-Vous m'avez entendu, ou tu as su que c'était le moment ?

Le ciel commençait à se roser, et les rayons du soleil de Sonovilio se reflétaient sur son Lac. Amore se retourna, toujours assis, Luciano allongé près de lui, à la question d'Angelo, il lui sourit simplement, puis lui dit :

-Tu existes bel et bien, mais en moi. Toi et moi, sommes la même personne. Tu représentes ce que je souhaitais avoir, être ; et par toi j'ai pu l'avoir. J'ai compris que j'avais le droit, j'ai le droit, je peux être qui je veux, ce que je veux. Si je n'ai jamais eu, alors je m'offrirai. Si je suis seul, alors je m'accompagnerai. Si je n'ai pas de frère, d'amis, alors je serai mon premier ; car j'ai le moyen de pouvoir m'accorder ce que je souhaite, et qu'avant d'aimer une chose ou un être, je suis la première chose que j'aimerai. Si j'ai toujours été déçu, alors je me ferai mentir, je serai mon frère, mon meilleur ami, mon porteur de rêves.

-Une semaine après tes 18 ans, allongé dans ton champ, tu as rêvé. Le cœur apaisé et l'âme légère, tu t'es baladé en toi, et en des sentiments anciens. Tu y as trouvé un espoir, un souvenir, celui du garçon qui chassait les ténèbres du cœur des autres. Tu l'as alors prié, tu t'es prié. A travers cette légende, cette envie, tu as su matérialiser tes forces pour t'aider. Tu as fait le choix de l'avancement, plutôt que du renoncement. C'est alors que je, tu es apparu, je suis toi. C'est par toi que tu as brillé. Tu as été le garçon qui a chassé les ténèbres de ton cœur, Caro Principe.

Toujours assis, face à lui-même, le Lac scintillant derrière lui, Amore sortit son ocarina et commença son fameux air : l'Etoile Solitaire. C'est alors qu'Angelo joua de sa lyre afin de l'accompagner. Les notes résonnèrent, le belvédère les transportaient, l'ange dansait à leur rythme et la nature les suivait. Les cœurs des deux garçons s'étaient harmonisés pour ne faire qu'un, et illuminer ce lieu, leur lieu. C'est alors qu'Angelo disparu au fur et à mesure de la mélodie, les poussières qu'il dégageait scintillaient comme de la poudre d'étoile et s'envolèrent autour d'Amore et de Luciano. Fermant, les yeux et n'écoutant plus que son cœur, il joua, les cosmos décidèrent de se joindre à eux et soufflèrent des pétales dans la danse d'Angelo et d'Amore. A l'envol d'Angelo, et au point d'orgue de la musique, des bourgeons d'anémones s'ouvrirent.

Le QR code permet d'écouter l'Etoile Solitaire

La voix, le cœur, et l'âme d'Angelo et d'Amore s'associèrent, et en même écho, dirent :

-La mort n'est pas la pire chose de la vie. Le pire, c'est ce qui meurt en nous quand on vit[1].

Seul l'écho de la voix d'Angelo restait perceptible, emporté par le vent, tout en s'éloignant il dit :

-Tu n'es plus une étoile solitaire maintenant, je serai toujours avec toi, tant que tu seras avec toi, *Amore Díogonos*[2].

Amore regarda la statue et son parterre de fleurs, cosmos et anémones étaient maintenant liés, et pourraient chaque année en été, le temps de quelques semaines, se côtoyer.
La fin de l'été approchait, et avec lui, le ciel rosé tombait. La nuit sortait, mais un nouveau matin finirait par arriver.

...

Je t'aime

J'ai peur
Je passe mon temps à avoir peur
Mais à toujours retarder les heures
N'aurais-je pas finalement plus peur du bonheur ?

Étoile

CHAPITRE IX

Le soir commençait à tomber, Emilio était allongé contre l'épaule de son grand-père lui racontant son histoire. Arrivé au bout, regardant le bassin, Amore dit alors :

-J'ai donc accepté la grande aventure d'être moi[1], car c'est en existant que je me suis jeté dans le monde[2]. Comme tu t'en doutes, je ne l'ai plus jamais revu. Je sais que jamais nous nous reverrons, mais que toujours nous nous rêverons. Cela n'est pas grave, puisqu'il était moi, et je m'étais choisi. Dans la vie, il y a des rencontres qui te feront fleurir le cœur à jamais[3], et même si les gens que nous avons aimé ne seront plus jamais où ils étaient, ils sont partout où nous sommes[4].

A cette phrase, il baissa les yeux, et vu son petit-fils qui dormait contre lui, il sourit, puis regarda derrière lui. Il vu alors la statue, qui n'avait pas pris de rides et repensa aux moments passés ici. Soudain, un chat, noir, fit son apparition. Ce dernier s'approcha doucement du parterre d'herbes, puis sentit les cosmos et les anémones en fleurs. Un vent vint souffler le lieu, bouger les branches, ce qui effraya le chat qui partit, remuer les fleurs ; et des pétales s'envolèrent en direction d'Amore et du Lac. A l'écho du vent, nous pouvions entendre un sourire, taquin, comme à son habitude… Amore, regarda alors de nouveau son nipote[5], et dit en murmurant, sans le déranger :

-Vois-tu, l'hiver est alors arrivé, et au milieu de l'hiver, j'apprenais enfin qu'il y avait en moi un été invincible[6] ; mais ça, tu as encore le temps…
…Ça va aller

Merci

Le bonheur

Merci d'avoi été
Tout ce que tu as fait
Mais surtout apporté
Malgré des absences étouffées

Merci d'être
Tu te bas pour apparaître
Et conserver ton être
J'ai vu tous ces efforts naître

Merci au demain
Je me rappellerai toujours ces moments divins
Mais il est temps de chercher du sain
C'est pourquoi dès demain, je croirai en tous ces souvenirs prochains

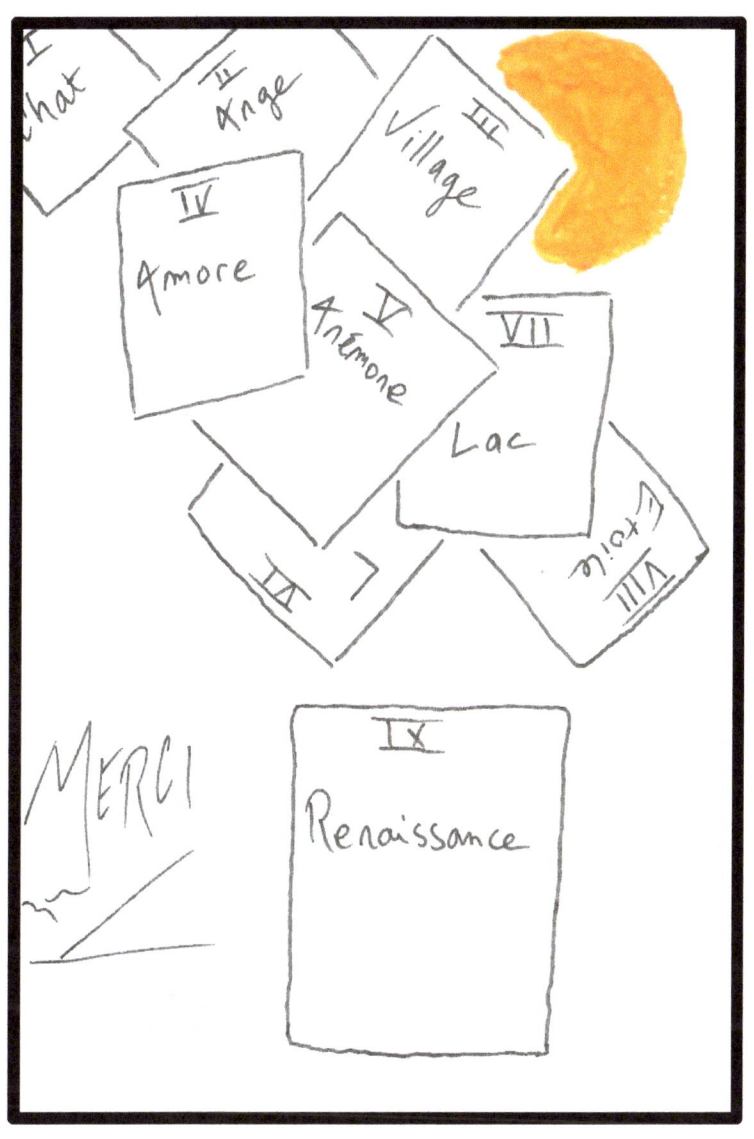

Renaissance

REFERENCES

I

Nonno[1] : Grand-père

Sonovilio[2] : Le village dans lequel vivaient Emilio et son grand-père

II

Lago[1] : Lac

Nonna[2] : Grand-mère

Scimmia curiosa[3] : Singe curieux

III

Piacere[1] : Enchanté

I V

Azzuri[1] : Azur, elle l'appelait ainsi en référence à ses yeux

L'amour c'est quand on rencontre quelqu'un qui vous donne de vos nouvelles[2] : André Breton

Un auteur célèbre[3] : Sénèque

Prends garde à ne pas te perdre en étreignant des ombres[4] : référence à Esope

Valletto[5] : Valet, en référence au surnom son altesse

Il suscettibile[6] : Le susceptible

Santo cielo[7] : Mon Dieu

V

Cavaliere devoto[1] : Chevalier dévoué

Caro Principe[2] : Cher Prince

La folie c'est de faire toujours la même chose et de s'attendre à un résultat différent[3] : Albert Einstein

D'où son nom[4] : Référence à Lao Tseu

Un changement est le fondement d'un autre[5] : Machiavel, *Le Prince*

La véritable histoire[6] : Inspiré du manga *Fruits Basket*

Nous sommes nos choix[7] : Sartre

V I

Padrone[1] : Maître

Bugiardo[2] : Menteur

Vecchio ratto[3] : Vieux rat

Chaque parole a une conséquence, chaque silence aussi[4] : Sartre

Parfois le cœur voudrait hurler ce que la bouche ose à peine murmurer[5] : V.H. Scorp

Martedì[6] : Mardi

V I I

En suivant le chemin qui s'appelle plus tard, nous arrivons sur la place qui s'appelle jamais[1] : Sénèque

Qui craint de souffrir, souffre déjà de ce qu'il craint[2] : Montaigne

Una villa romana[3] : Une villa romaine

La famiglia Custode[4] : La famille Custode

Il bambino dal cuore sincero[5] : L'enfant au cœur sincère, inspiré en partit de la naissance de Dionysos

Il faut que le noir s'accentue pour que la première étoile apparaisse[6] : Christian Bobin

Le cœur ressent souvent les réponses avant que le cerveau se pose les questions[7] : John Joos

VIII

La mort n'est pas la pire chose de la vie. Le pire, c'est ce qui meurt en nous quand on vit[1] : Einstein

Amore *Díogonos*[2] : Nom de famille d'Amore, signifiant « deux fois né », venant de la légende de Dionysos

IX

J'accepte la grande aventure d'être moi[1] : Simone de Beauvoir

Exister c'est oser se jeter dans le monde[2] : Simone de Beauvoir

Il y a des rencontres qui te feront fleurir le cœur à jamais[3] : Jessica Simard

Les gens que nous avons aimé ne seront plus jamais où ils étaient, mais ils sont partout où nous sommes[4] : Alexandre Dumas

Nipote[5] : Petit-fils

Au milieu de l'hiver, j'apprenais enfin qu'il y avait en moi un été invincible[6] : Camus